사진촬영_ 최선미

김명기

종점식당

애지시선 067

종점식당

2017년 3월 30일 초판 1쇄 발행

지은이 김명기
펴낸이 윤영진
편 집 함순례
디자인 함광일 이경훈
홍 보 한천규
펴낸곳 도서출판 애지
등록 제 2005-5호
주소 34623 대전광역시 동구 대전로 867번길 46
전화 042 637 9942
팩스 042 635 9941
전자우편 ejiweb@hanmail.net

ISBN 978-89-92219-66-2 03810

애지시선 067

종점식당

김명기 시집

□ 시인의 말

떠오르는 말을 놓치기 싫어
동시에 시를 여러 편 쓰기도 하는데
결국 헝클어진 실타래처럼
이도저도 아닌 것이 되거나
써 놓고 보면 한 타래처럼
똑같은 것들이 되고 만다.

말이란 게 필요할 때 쓰임보다
쓸모없거나 불편하거나 화근이 되는 경우
결국 욕심과 욕망의 진원이며 진행이고
잔재인 셈이다.

말에 붙어 글줄이나 쓰면서
여전히 말을 이해하지 못하고

넋두리나 늘어놓는다.

독자 제위께서도
그저 그런 자의 욕심과 화근이려니 생각하시어
혜량해 주시기를

2017년 정초 未來齋에서
김명기

차례

제2부 에콰도르

제3부 벼랑길

제4부 단주후회

제1부
이기적 유전자

팽목

밤새 달려와 첫 끼를 먹는다 살아야겠다는 본능은 얼마나 갸륵한가 창밖 펄럭이는 주검의 표식들 앞에서 마주 대한 밥 누구는 천일 동안 젖은 눈물에 말아 먹고 누구는 천일 동안 젖은 채 그리웠을 지상의 따뜻한 밥 한 그릇 생사를 가르는 경계 같은 한 덩이 밥 놓고 갸륵한 본능 뒤에 감춘 목숨은 이렇게 무참하다 뜨거운 국물을 넘기며 뱉어내는 생선가시들이 산자를 향해 쏟아내는 뾰족한 말 같다 실낱처럼 내리는 빗속 방파제 끝 누군가 무릎 꿇는다 고개를 돌려도 숨길 재주 없는 슬픔 코끝 시리고 눈가가 뜨끈해진다 명치끝에 걸리는 밥 한 술 뜨러 밤새 달려왔나 이게 다 이놈의 밥 때문이지 싶어 상을 물리고 나섰는데 방파제 끝에 걸린 한 문장 “따뜻한 밥해서 같이 먹고 싶다” 이 기가 막힌 문장 앞에 누군들 무릎 꿇지 않으랴

심포리역

누군가를 떠나보내고 가 보기에 좋은 곳이리
세상에 아주 없는 주소지처럼
애써 기억하지 않아도
첫차도 막차도 없으니
애달프게 기다릴 마음조차 없는 곳
도계나 통리쯤에서 기차를 타고
멈출 듯 지나치다 보면
지금쯤 붉은 개옻나무 옆
잎 진 벚나무나 개나리 더없이 쓸쓸할 그곳
아직도 곡진하다는 말 마음속에 품었다면
완곡한 철로변에 우두커니 서서
어둠처럼 밀려가는 컴컴한 침묵 사이
차곡차곡 내려앉은 녹슨 자갈들이
서로 모서리를 맞대고 갈라진 틈의 무게를
어떻게 견뎌내는지 헤아려 보아도 좋을 일
그래도 떠나보낸 당신 마음이
도저히 내려설 수 없는 곳이거든

아예 오지 않은 듯 돌아서도
아무도 기억하는 이 없으리, 어차피
아주 없는 주소지처럼 세상에 서 있을 그곳

봄날은 안녕하다

삶과 죽음의 경계 명확한
도축장 한 귀퉁이
벙글 대로 벙근 목련 진다!
그 그늘 아래 조팝꽃 한창이다
죽음 대수롭지 않은 여기
목 떨어지고 다리 잘린, 속내까지 다 파헤쳐진
핏빛 축생의 응고되지 않은 주검을
이리저리 끌고 밀며 다니는 내가 안녕하듯
저렇게 지는 꽃그늘 속 또 다른 생은 안녕하다
세상 어느 귀퉁이에는 누군가의 찬란한 치장을 위해
팔 다리 잘린 아이들이 절룩절룩 자라고
그 애비들 평균 수명은 마흔이 채 되지 않는다는데
그토록 비참한 얘기마저 이 봄 같은 홀망한 날
막 봉오리 터뜨린 여남은 송이 철쭉처럼
군데군데 자줏빛 핏방울 번지는 작업복 위로
이 살풍경의 배후 같은 햇살이 기울고
그 사이 꽃잎 몇 장 더 떨어지고

떨어진 꽃잎 몇 장 끌고 다른 꽃을 밀어 올리며
이렇게 안녕하신 봄날은 가고 있다

이기적 유전자*

그의 아버지는 사끼야마**였다
그의 큰형도 사끼야마였다
그해 봄 아버지 낙반사고로 돌더미에 깔려 죽었다
그 가을 갱내 폭발로 큰형도 죽었다
그는 봄엔 울었으나 가을엔 울지 않았다
우린 열아홉 살이었고 죽지 않기 위해
날마다 야간자율학습을 했다
대입학력고사 얼마 남지 않은 늦가을
담배를 물고 교련복을 입은 채
운동장을 걸어 나가던 그의 뒷모습을
삼층 복도 끝 창가에서 내려다보았다
아무도 불러 세우지 않았다

태백역 근처에서
이십 년 만에 종태를 만났다
홍시빛깔 포장마차에 감씨처럼 틀어박혀
잘 먹지 못하는 소주와 산낙지를 시켜 놓고

긴 세월만큼이나 물러터진 물오이만 씹었다
객지를 떠돌다 돌아온 지 여섯 해
늦장가 들어 애들이 아직 어리다며
이제는 어둠이 익숙하다고
예전처럼 큰 사고는 나지 않아 다행이라며
묻지 않은 말에 혼자 중얼거리다
이런 것도 틀림없이 유전이라고
고개 돌리며 웃었다

그 늦가을처럼
눈물 대신 담배를 피우며
허공을 향해 둥근 연기를 쏘아 올리던 그가
유치원 다니는 큰애는
지 애비 직업이 사끼야마라고
어릴 적 우리처럼 말한다고 했다

*진화생물학자 리처드 도킨스의 저서에서 차용, 모든 유전자는 개체를 희생시켜서라도 자신의 자손을 남기려는 성질을 가지고 있다는 이론.

**광산 막장에서 채탄 작업을 하는 선산부.

종점식당

바람이 읽어 내리는 경전 소리인 듯
촌스러운 얼룩무늬 차양 펄럭이는
그 집 추녀 끝으로
막 점등한 알전구 불빛 같은 노을이
깃드는 저녁
듣는 이 없는 늙은 중의 염불처럼
혼자 웅얼대는 텔레비전 소리 등지고 앉아
조림반찬 몇 가지와 장국 한 그릇 놓고
오랜 중독처럼 혼자 먹는 밥
미명微明을 허물듯 밥을 허물면
바닥을 드러내며 점점 가벼워지는 밥그릇
종점이란 말도 이곳으로 오는 모든 길 위에
제 몸을 다 비우고 마침내 본산本山에 이르는
순례의 다른 말인 듯하여
여기서 몸 수그리며 밥 먹는 일은
길 나서는 세상 모든 허물어지는 것들에게
뼈마디처럼 단단한 마음을 다해

간절한

아주 간—절한 경배를 올리는 일

폐광지대

이곳을 떠난 지 오래되었다
지나온 길 빗금처럼 차창을 스치는 풍경보다
생각이 더 많았다 나보다 늦게 도착한 햇살이
능선 한 자락을 걷어내자
꺾여버린 생가지 축 늘어뜨린 채
반쯤 몸을 접은 설해목 몇 그루

몸뚱이에 꽂힌 튜브로 생을 연명하며
사는 것에 질렸다는 듯 누렇게 말라 가던
규폐병동 친구 아버지처럼
저들도 이내 생장을 멈출 것만 같았다

어둠이 다시 어둠을 덮어 버리는 시간 속
빛을 캐러 갔다 끝내 화석이 되어 버린 사람들
거대한 무덤 같은 갱도 입구엔 연초록 잎사귀에 밀려난
참꽃들이 녹아내리고 있었다 철마다 찾아드는 쓸쓸하고
유일한 조문이었다 떠나기 위해 증오를 키우고

떠날 수 없어 사랑을 키웠던 사람들
얼마나 무모한 저항이거나 절망이었던가

모든 영롱함이 몰락하기 전까지
다만 일용을 위해 악착같았던 날들을
안일한 낭만이 밟고 지나가는 봄날 오후
나 그 증오와 사랑 사이에서 나고 자랐음이 분명한데
저 언덕배기 어디쯤에선가 검은 화차 위로 팔매질하던
하얀 국돌처럼 먼 곳으로부터 그리움 하나 챙기지 못하고
최초의 불길不吉로부터 도망치듯
이곳을 떠난 지 너무 오래되었다

오래 두고 온 저녁

똥탑이란 말 아시는지
나 살던 광산촌 사택은
유난히 짧은 겨울 햇살이
더 이상 산비알 아래로
내려서지 못하면
금세 찾아들던 긴 엄동설한
깨진 유리창 대신 거북선 선명한
비료포대 펄럭이던 겨울 공동변소엔
누군가 가져다 놓은 5파운드 곡괭이 자루
공든 탑을 정성들여 한 층 한 층 밀어 올리듯
아버지 똥 위에 아들 똥이 그 위에 엄마 똥이
차곡차곡 쌓이며 꽁꽁 얼어가던, 그래도
대통령 얼굴 나온 쪽으로 뒤 닦으면 큰일 난다는
아버지 말씀 따라 달빛에 구겨진 신문을 이리저리
비춰 보다 탑의 꼭대기를 가늠해 보다
도저히 더 쌓아 올릴 자신이 없으면
사정없이 곡괭이 자루로 까부수던 저녁

이 땅 모든 가난한 사람들이 탑을 쌓고
부수던 시절, 필요하다면 사람마저도
다 때려 부숴야한다고 그땐 알지 못했던
대통령 긴급조치 몇 호를 구깃거리며 똥 닦던 저녁

여기

큰 느티나무는 좋다
화살촉 같은 잎 새로 보이는 먼먼 하늘보다
이생을 향해 넓게 드리운 그늘
그늘에 앉아 어디론가 알 수 없이
흘러가는 구름을 바라본다
멈춤과 흐름의 교차점
얼마나 멀고 많은 곳을 흘러왔을까
다른 잎보다 오래 살지 못하고
저버린 잎이 바람결에 사라지듯
삶의 무게에 비해 죽음은 한순간
저렇게 가볍고 명확하게 오는 걸까

아름드리 느티나무 아래서
혼자 하는 은밀한 수음처럼
마흔을 훌쩍 넘기며 흐르고 흐르는 동안
열락과 쓸쓸함에 무너져 내리던 몸을 생각한다
후드득후드득 숱한 잎사귀를 때리던

한여름 굵은 빗방울 무게를 기어이 견뎌낸
어느 한 잎사귀의 불안한 시절이 잠시 멈춘 여기

통리

플랫폼에서 내려다보면
까마득한 행성처럼 반짝이는 도계에서
기차는 지독한 밤안개를 밀며 올라왔다
가끔 안개마저 여객이 되어 버린 날
우리들 중 몇몇은 끝 모를 도피를 시작했다

검은 화석 같은 아버지 얼굴처럼
남루한 생의 대물림이 두려워
팔뚝에서 어깨까지 담뱃불을 지지고
막걸리 병이나 검은 비닐봉지에
대가릴 처박고 본드를 불거나
부탄가스 깡통을 연신 흡입하다
그것마저 위안이 되지 않으면
면도칼로 팔목이나 허벅지를 죽죽 그어대다
어느 밤 조용히 안개와 함께 사라졌다

구로나 반월공단 시다로 영등포나 용산역 삐끼로

누군가의 누나나 여동생을
청량리역 똥치골목에서 봤다는 소문이
교실 안까지 꼬리를 물고 날아들었다
그렇게 어린 몸을 팔던 몇은 병든 심신으로
결국 남루의 그늘로 귀환했으나 학교로 돌아오진 않았다

환장할 봄날이면 이른 시간 학교를 빠져나온 나는
작은 역전을 기웃대며 서성이다 그들처럼
떠나지 못할 변명만 덧붙여 달고
다족류처럼 느릿느릿 집으로 돌아오기 일쑤였다

사끼야마*

식민지시대와 내전이 멈추고도
한참 후 태어난 내가
말 트고 처음 배운 외래어
툭하면 연탄가스 마시고 별 보던
비바람 들이치는 하꼬방 사택에 살며
또래끼리 하루 수십 번도 더 하던 말
말의 색깔은 불완전 검정 명사
동시에 전사戰士였으며 불기둥이었다
어느 날은 처참한 주검이기도 했으나
애비들은 건사해야할 식솔과 목숨을
담보 잡히고 더듬이 대신 캡램프를 뒤집어 쓴 채
두더지 보다 더 깊이 땅속을 파고들었다
사학년 때 담임은 가끔 먼 산을 응시하다
저 산 아래 등허리 구부리고 기어 다니는
아버지들을 위해 공부 열심히 해라
힘주어 말하곤 했지만
우리 담임을 끝으로 학교를 떠났다

뒷모습과 앞모습을 구분 할 수 없던 검은 사내들
먹고사는 일이 한 세상과 또 다른 세상의
경계라는 사실을 모른 채 이승과 저승 사이
피폐해져가는 애비들의 생을 빨아먹는 거미처럼
뼈마디 굵어지고 콧수염 거뭇거뭇해지던 시절
하리잔**같이, 죽음의 순간이 와도 굴레를 벗지 못해
막장이 생의 시작이라던 애비들
희망이란 부도난 어음을 꼬깃꼬깃 말아 쥔 채
이 땅 마지막 불가촉 계급이 되어버린

* 사끼야마: 탄광에서 채굴을 담당하는 막장 선산부.
** 하리잔: 인도의 계급체계인 카스트에서 사성에도 속하지 못하는 가장 낮은 계급의 집단, 불가촉천민.

노선

옛집 가는 길은 해체된 그림 퍼즐
분노와 눈물의 기억만 한 줌씩 잡혔다 사라지는
이 불운의 끝은 어디인가

웃음소리는 너무 오래 유폐되었고
산산이 부서져 파편이 된 유리거울처럼
수 없는 나를 들여다보며
애써 지긋함을 받아들이는
마음의 그늘만 깊다

저녁이면 아무리 멀리 던져도
부메랑처럼 돌아오는 기억에 두들겨 맞아
다 깨진 퍼즐의 텅 빈 보드가 된다
밤늦도록 잠들지 못하는
말과 기억의 터닝 포인트는 어디쯤인가

저물면 모든 문을 꼭 닫아걸어도

기어이 육신을 뒤흔드는 것들
사랑이 증오로 바뀌는 순간
이 불멸의 말들은 서로 기억을 공유 한다
끔찍하지만 사실이다

이장移葬

큰 고모에게 기별이 왔다. 죽으면 아버지 엄마와 동생 옆에 묻히고 싶다는, 당신은 뜨거운 불길 속에서 고깃근처럼 태워지는 것을 견딜 수 없을 것 같다는, 그리고 이미 사십 년 전에 죽어 먼 땅에 외롭게 묻힌 남편의 주검을 선산으로 먼저 보내고 싶으니 받아달라는.

숙부들은 소식이 못마땅한 눈치였다. 사십 년 된 주검을 구태여 옮겨와 무엇 하냐는, 성이 다르다는, 곁에 두고 있으면 들여다 봐야 하고 돌봐야 한다는, 살아있는 사람들도 이젠 늙어가므로 그마저 못할 짓이라는, 누나는 누나 자식들에게 의탁하라는. 끝내 비좁은 땅에 당신들과 처의 자리가 모자랄지도 모른다는 말은 하지 않았다.

선산이래봤자 산비알 작은 밭뙈기에 불과한 땅. 그 땅의 권리를 물려받은 장자이며 장손인 나는 이 작은 불화가 고민스러웠다. 죽어 사십 년인데, 성이 다른데, 고모도 자식이 있는데 그러나 아무리 생각해도 이렇다 할 이유가 없었다.

오래전 잠든 이가 잠깐 일어나 봄별 속에 여행을 하는 일이라든지, 손자들을 거두며 평생 함께 산 자식과 떨어져 남편 곁에 있고 싶다는 열망의 근원에 대해 거절할 자신이 없었다. 고모가 아니라고 한들 누구라도 그 땅에 묻힐 근사할 이유를 들고 온다면 거절하고 싶지 않았다. 죽고 사는 일이 잘 섞이는 것이야 말로 내세울 것 없는 한 가문의 더 없는 영광인데, 한때 땅위를 걷는 일만으로도 빛났던 사람이 묻힐 일에 덧없는 이유들이라니.

고모에게 기별을 넣었다. 언제든 그러하시라고. 봄별이 시들기 전이면 더 좋겠다고, 당신 남편을 끌어안고 한번 다녀가시라고, 당신이 돌아올 자리도 내내 지키고 있겠노라고, 그깟 성이야 할머니도 숙모도 다르니 문제 될 것 없다고. 그러고 나니 그동안 별 쓸모도 없고 아버지 살았을 때 욕 듣는 방편으로나 쓰이던 장자나 장손이 은근히 자랑스럽기도 했다.

그해 동지로부터 백오일 째 되던 날, 광산 낙반사고로 죽어버린 사십 년 된 주검이 처가의 그늘로 돌아왔다. 흰 광목에 곱게 싸여 왔다. 만성 신부전증을 앓는 그의 처는 시든 갈색 조릿대처럼 가끔 흔들렸으나 대체로 꼿꼿했다. 굴삭기가 땅을 판 자리 오동나무 새 옷을 입힌 그를 뉘고 우리는 물러나 절하고 잔을 부었다. 숙부들의 덧없는 이유도 다 끌어 모아 묻었다. 가끔 흐느끼는 고모를 끌어안고 당신이 돌아올 자리도 보여주며 축축한 눈가를 닦아주기도 했다. 다섯 살 되던 해 내가 기억하는 최초의 죽음이 잠깐 동안 봄 여행을 마치고 병든 처를 기다려야 할 어둠 속으로 다시 돌아가던 아뜩한 한나절.

철로변

담배를 배웠다
열일곱 살 첫 담배였다
모든 첫 이 그렇듯 서툴렀지만
첫사랑처럼 몽롱했다

복선철로가 끝나는 곳을
이중철교라 불렀는데
갈수록 학교는 멀어지고
그곳에 모여앉아 자전거 체인이며
징 박힌 가죽장갑을 끼고
패싸움에 대한 무용담을 늘어놓았다

저탄장 녹슨 함석지붕은
비가 내릴 때마다 푹푹 뚫리는
구멍의 크기만큼 내려앉았고
죽탄처럼 변한 석탄더미는
연신 검은 눈물을 흘리며

어디론가 떠날 날을 기다리고 있었다

그런 날이면
철로변 만화방에 들어
라면을 시켜 먹고 만화 책장 뒤에 숨겨진
그 집 비밀의 방에서 들숨과 날숨 거친
노란 음모를 가진 여자들의 성기와
힘줄 굵은 사내의 성기에 감탄하며
차례로 뒤돌아 수음을 하기도 했다

가끔 검은 화차에 돌을 던지며
가뭄에 콩 나듯 철길 따라 학교에 갔다
붉은색 푸른색 슬레이트 지붕은
날마다 한쪽이 무너져 내리는
그곳의 삶처럼 바래고 있었지만
무너지는 삶을 받아먹으며 커가는 우리는
그 삶에 대해 조금도 경외심이 없었다

세상의 지난함과 비루함이 모두 모인
네크로폴리스*처럼 언젠간 다 사라질 것 같았다
유기정학과 무기정학이 별처럼 빛나던 시절이었다
근신은 말도 부치지 못했다
목총으로 허벅지가 터질 때까지 맞고서도 달라질 게 없었다

코밑 솜털이 점점 억세지던 열아홉
달라진 것 없는 그곳을 두고
대학으로 공장으로 혹은 아버지를 대신해
막장으로 뿔뿔이 흩어졌다.
얼마 후 그곳은 석탄산업 합리화란 거창한 이름을 달고
폭삭 주저앉았다는 소문이 들렸다.
나는 대학생이 되었고 화차 대신
세상 모든 철로변을 위해 짱돌과 꽃병을 던지고 있었다

*네크로폴리스 : 죽은 자들의 도시란 그리스어.

장례희망

마흔 아홉, 지나간 열정과
가까워진 허무 사이를 오락가락 한다
아주 어렸을 땐 이런 나이가 있는지도 몰랐지
죽은 아버지도 지금 나보다 어렸으니까
노선도 모르는 생에 무작정 올라타
여기까지 올 거란 생각도 없었으니까
풍경과 인물이 뒤섞인 꿈속을 오래 거닌 탓이겠지
떠나간 사람 영정 앞에서
이제 그를 혹은 당신을 무엇이라고 불러야 하나
엎드려 절하는 동안 나보다 의연한 그 죽음에 대해
다만 부럽다는 고백이 부끄러웠을 뿐
한때 우리는 아무리 멀리 있어도 우리였는데
당신(그)을 뺀 우리는 무엇이라 불리어져야 하나
발목이나 손목 하나쯤 없어져도
허전하고 그리울 텐데 생의 결장缺場이라니
신호대기처럼 센서가 깜빡이면
스르르 문이 열리고 날개로 포장된 사람들이

정해진 길을 따라 흐느낌 속으로 흩어지는데
이제 우리는 저들처럼 더 이상
우리가 아닌 채로 살아지겠지
어쩌다 목 밑까지 따라온 반세기가
아무 대책 없는 희망이었을까 우리는

제2부
에콰도르

내밀內密

가질 수 없어
더욱 안타까웠던 날들
하지만 나는
아직도 다 가지는 법을 모른다
다만 고요함이
큰 요동이란 거
평정도 격정이었다는 사실을 알았을 뿐
이제는 아무도 없는 곳에 틀어박혀
덜컹대며 버티는 낡은 창문처럼
닫히지 않는 마음 탓할 일만 남았다
시간이 만든 비의秘義라는 부조리
지나고 나면 그저 무색했던 일인가
왜 당신들 마음은 늘 내가 절정일 때
스르르 닫히는가

사양斜陽

엄마의 꽃밭 위로 날 저무네
음지의 호박잎이 저무는 해처럼 늙어가고
오지의 마을은 호박잎처럼 낡아가네
오가피 뿌리를 파내고
깨밭을 갈아엎고
상추며 실파며 무 대신
온갖 꽃을 심은 엄마의 꽃밭은
더 이상 늙기 싫은 당신 속내 같네
눈망울이 바다를 닮은 주워온 고양이는
마을에서 제일 어린 생명
제일 어린 것이 낡아가는 모든 것을
천천히 둘러보네
고양이는 짖지 않아서 좋고
늙은 엄마는 말이 없어서 좋네
또 한계절의 뜨거운 권태가 가고
가을이 오고 또 가을의 권태가 올 것이네
오래된 선풍기가 쇳소리 내며 돌아가는 저녁

출처를 알 수 없는 바람의 끝을 따라
한 고요가 다른 고요를 깨우며 점점 이슥해지는데
다만 습관 같은 이 적요寂寥만이
더 이상 낡을 줄을 모르네

그래도 그런 게 아니라는

난리통 같은 응급실 복도에
때렸다는 술집여자와
맞았다는 남자 사이
이제 간신히 잎새를 밀고 나온
꽃망울 같은 핏방울 번지는 밤

남자의 가족들
순하디 순한 남자
등짝을 후려치며 등신, 천치
매번 이렇게 당하는 게 사랑이냐고
이번만은, 제발 이번만은
너의 사랑을 고소하라며
불목의 사랑을 종식시키기 위해
악다구니치는 이 통속적인 밤

그 남자
그렁그렁하던 눈빛이

마침내 유성우처럼 우르르 쏟아져 내리고
이 모든 광경을 남의 일인 듯 바라보는
여자의 얼굴을 더듬으며
뱉으면 이내 허공으로 사라질 말 대신
바르르 써내려가는 지독한 한 문장
그래도 그런 게 아니라는, 사랑은

창 너머 캄캄 어둡같이
이미 저버린 우리 속내 가마득한 어느 곳에도
누군가, 누구에겐가 깊숙이 그어 놓은
죽어도 지워지지 않을 칼금 같은

꽃과 함께 아물다

팥 알갱이만 한 철쭉망울 얼핏얼핏 비칠 때
발가락 하나 부러졌다
피멍 든 채 퉁퉁 부어오른 발가락을 내려다보며
세상에는 눈길 한번 제대로 받지 못해도
있는 듯 없는 듯
숨죽여 사는 것이 얼마나 많은가
이토록 오랫동안 작은 발가락 하나를 들여다 본 적 없다
땅바닥을 딛지 못해 뒤꿈치로 걷고
그 무게를 지탱하지 못해 발목이 붓고
부은 발목이 뻣뻣해져 자꾸만 쥐가 내린다
우리가 알지 못하는 작은 것 하나도
공평한 힘의 분배가 깨어질 때
모두가 부실해져간다는 사실
어혈 풀리듯 망울이 꽃잎 펴는 동안
잎 피운 꽃들이 산지사방 번져가는 동안
발바닥이 땅바닥으로 되돌아오는 시간
꽃 피고 지는 사이 잠시 통증이 다녀갔고

꽃과 나 사이 통증이 놓고 간 알음 하나 남았다
바닥은 서로 맞닿을 때 비로소 온전히 견딜 수 있다는

시간의 속성

긴 가뭄 든 해 쩍쩍 갈라지는 논바닥 둑길
몇 번을 땜질한 흰 고무신 신고
해질녘까지 쪼그리고 앉아
피우지 못하는 빼끔 담배를 연신 빨아 당기며
속 태우던 작은 아버지
종일 그 논에 물대느라 허리 한번 펴지 못하고
졸졸 흐르는 도랑물을 퍼 올리다 지쳐
사막의 커다란 선인장 같은 바위 둔덕에 걸터앉은
작은 엄마 갈라진 뒤꿈치같이
내 몸속 이미 오래 가뭄 든 소리
없는 아이와 아내를 종종 묻는 사람들이여
나는 좀처럼 사랑의 기술이 없어
저녁이면 극히 작은 슬픈 중독의 질량만으로
그해 작은 엄마 도랑물처럼
졸졸 눈물 흘리기도 하는데
얼마나 오래된 익숙한 상처인지
종일 잊고 지내거나 종종 잃어버리는 것은

모르는 것이 무엇인지 모른 채
찾아오는 것들을 또 기다리고 있기 때문이다
그러다 슬픔이 바위 둔덕처럼 가슴 쿵 짓누르는 날은
에바 캐시디의 대니보이를 큰소리로 틀어놓고
자신 속을 태우던 작은 아버지처럼
석양을 향해 꺽꺽 속울음 삼키며 한 번도 가본 적 없는
우루무치나 세렝게티 같은 곳을 그리워한다

에콰도르

한때 당신이 생의 전부이길 바랬다. 바오밥나무 속살을 파먹고 자라난 편서풍처럼 서로 속내를 구석구석 핥으며 발아지점으로 다시는 돌아오지 않을 바람이고 싶었다. 오직 편도에 올라탄 생의 끝이 극지라 할지라도 슬픈 꿈 따위는 꾸지 않을 거라 생각했다. 허공은 너무 오래 허공 속을 맨발로 걸어가고 있었지만 약속이란 늘 그런 허튼 맹세 아닌가. 음지가 양지의 다른 말이듯 당신은 나의 다른 말이었을 뿐, 그 밖의 말들은 염두에 두지 않았다. 다만 발아지점에서 무성한 소문이 돈다는 걸 풍문으로 들었다. 바람에 전향력이 있다고 한들 부는 바람을 무슨 수로 멈출 수 있었겠나. 소멸 될 걸 알고 태어나는 태풍처럼 나선 길을 끝까지 가볼 수밖에. 따라온 풍문을 좇아 당신은 어느 순간 무역풍이 되어 돌아섰지만 이미 충분한 위로였다. 밤보다 낮이 짧은 곳을 지날 때 자극과 지극의 경계에서 뱉은 모든 말들은 비가 되어 내렸다. 소멸의 시간, 여전히 적도에 피어 있을 당신이라는 꽃을 향해 지금 내 기억만큼 뚜렷하고 서러운 것이 또 있을까. 세상보다 앞선 세상은 어디에도 없는데 바오밥나무 속 덧없는 바람들은 여전히 발아를 꿈꾸는가.

암전暗轉

괜찮은가요 이제
그래요 이 어둠 속에서 나가지 못할 테니까요
더 이상 결전의 각오 따윈 없어요
기대할 것이 없어 어깨가 저문 엄마도
이미 시든 정물靜物인 걸요
빠져나갈 수 없으니 그냥 빠져있을래요
어둠이 걷힐 때 나가 어둠을 맞받아치며 돌아오지만
그 사이도 그저 막간幕間일 뿐이죠
투명한 유리컵에 몸을 반쯤 담군 고구마처럼
푸른 순은 점점 시들어 말라 가고
오래된 갈등이 썩어가듯 속은 비어 가고
그 속절없는 생을 떠받치느라
하얗게 쉬어버린 뿌리처럼 늙어지겠지요
하지만 덫이 아니라 유산이라 해두지요
무언가를 증명하기 위해 몸부림치는 것이
얼마나 쓸모없는 짓인지 알 나이니까요
가끔 마음이 쓰릴 때도 있지만 슬픔은 없어요

이쪽과 그쪽의 바람이 머무는 이곳이 좋아요
내란 같은 삶이 잠시 멈춘 시간, 그 너머가 궁금해도
더는 생의 호객꾼이 되고 싶지 않아요
그러니 집으로 돌아오는 길은 부디 잊어주세요
그러다 보면 그렇게 살아지다 보면
어느 날은 모두 잊히고 또 무엇인가 되어 있겠지요, 아버지

문득

곡우 무렵 내리는 옅은 비처럼
문득 나를 적시는 당신
혹시 당신 없는 동안 다 말라 버린 내가
쩍쩍 갈라지는 불모지라도 될까 싶어
어디 먼데서 문득이 되어버린 사람

순간 나는 당신이 울대 너머로
마른 눈물조차 꾹꾹 밀어 삼키던
그때 그대로이길 바라는
부디가 되는데

할 수만 있다면 지금이라도 제발이 되어
한 번도 한 적 없는 허튼 맹세라도 하고 싶은
당신

한때 내게 그렇게 불리던 사람
숨 쉴 때마다

정교하게 털썩대는 늑골 사이
안으로 내 안으로만 드나들던 가느다란 숨소리처럼
그저 내밀하기만 했던

바람의 눈물

흰 테 두른 은빛 구름들이 분열分列하듯
밀려드는 아파트 모퉁이를 돌아간다
오전 다 지나 막 오후 무렵
구름이 밀려오는 모퉁이를 돌며
눈물이 날 확률은 얼마나 될까

그러나 이것은 확률의 문제가 아니라
마음의 문제 하지만 그 마음 또한
깊고도 깊어 수식으로 풀 수 없는 일
산다는 일의 전개 방식은 늘 낯설다
누가 그것을 새로운 일이 아니라 말할 수 있나
밀려드는 구름 뒤에는 뭐가 있나
손바닥을 스치는 바람은 더 이상 차갑지 않은데
그 바람 뒤엔 또 뭐가 있나

메이는 가슴 위로 햇살은 끝없이 내리꽂히고
햇살에 매 맞은 가슴이 붉어지는 동안

자작자작 움트는 자작나무 아래로
기어이 이기지 못할 저녁이 오고
좁고 거뭇한 방에 들어서자 종일 매 맞은 가슴이
온몸을 털썩 주저앉힌다
입춘 경칩 지난 지 오랜데
나는 요즘 너무 자주 눈물을 훔친다

별리

은행잎 노란 물 든다
청춘, 어느 날 우리처럼 한 사랑이
또 다른 사랑에게 고하는 이별 같은 소식
애태우며 바래다
작은 바람이라도 일면 와르르 몰락하겠다
몰락은 흩어지며 사라지는 일
마지막 순간까지
떨켜를 놓지 않으려 안간힘 쓰지만
이별의 그늘은 줄다리기 승자처럼
힘의 반대편으로 점점 길어져
더 이상 감싸 안을 긴밀함이 남지 않을 터
한때 사랑하던 사이
잎 피고 꽃 지던 나무
오천 년만 지나면 흔적조차 남지 않을 것들
더 이상 시절이란 세상에 없는 시간
무너지는 시간의 기억 같은 빈가지 곁을
무심히 지나는 당신들과

몰락의 저편으로 멀어져가는 자동차들까지
모든 것들은 쓸쓸히 사라지고
사라짐을 위해 많은 시절이 또 오겠지만
그래도 우리를 기억해 줄 것 같은 이 순간
텅 빈 손바닥처럼 배웅하듯 흔들리는 나뭇잎 새로
막 당도하는 가느다란 몇 줄기 빛에게
세상의 안부를 다시 묻는다

예지의 능력이 깊어지는 밤

잘 가던 치킨집과 편의점에서
치킨과 맥주를 사 들고
당신 만나러 가던 밤길을
되짚어 가지 않아도 되는 날은 온다

낡은 가죽에 덮여 곰팡이 슬어가는
눅눅한 희랍 예언서 애매한 문장처럼
오래도록 천천히 그러나 불식간에 온다

어느 날 알 수 없는 일을
예감 할 수 있는 능력이 생기면
비로소 이별의 준비는 끝난다

사랑의 생존 방식은
과거형이든 진행형이든 미래형이든
늘 처참하거나 진부하다

그러므로 사랑이 끝날 때마다
우리의 예지능력은 한층 더 깊어지나니
결국 처참하고도 진부한 사랑은
이별이 새긴 예감을 따라 반드시 다시 온다

그런 날은 저문 세상으로 나가
아직 오지 않은 사랑마저 부둥켜안고
더더욱 이별을 재촉하거나
다시 올 사랑을 위해
여전히 그 밤길을 더듬더듬 걸어 올라가고 있는
당신 부질없는 마음을 돌려세우시라

잘 가라 다시 올 세상의 모든 사랑이여

한로寒露

꽃무릇 한창인 마당을
결기 없는 마음으로 내려다보는 나는
고즈넉하다

사라져가는 순간을 가만히 지켜보는 연민
그 내밀함은 착각으로부터 시작되므로
살아가는 것인지 살아지는 것인지
여전히 알 수 없다

최초부터 지금까지
모든 것은 언제나 새롭게 시작됐지만
결국 슬퍼지는 한때를 위해 기울어지는
한창이라는 말

무수한 기억의 반복이 깊어져 꽃이 되고
한 사내를 고즈넉하게 만들어버린 날
하혈하듯 허물어지는 붉은 꽃잎 속으로

어제와 다른 바람이 들고
꽃그늘마저 지는 저 자리, 이제
더욱 쓸쓸한 날들만 피겠다

추석秋夕

아버지,
아버지의 아버지가 심어놓은
대추나무에 매달려 봉양 꼬챙이로 대추를 턴다
긴 가뭄 끝 갈라지며 쪼그라든 검붉은 대추 속내
식구들이 오랫동안 파먹어 팍삭 오그라든 아버지 같다

부엌에서
늙은 엄마, 송편 익반죽을 치댄다
구박 안에서 몸을 굴릴수록 탱탱해지는 멥쌀 반죽
나들 문가에 걸린 흑백 사진 속
처녀 적 엄마처럼 뽀얗다

아침마다 한 움큼씩 빠지는
윤기 없는 아버지 머리카락처럼
바람 불 때마다 떨켜를 놓쳐버린
버짐 같은 감잎 위를 형제 같은
중년의 개 두 마리 어슬렁거린다

가지가 휘어지도록 열매 달린
꽃사과 나무 그늘 아래
사촌의 딸아이 닮은 노란 애기똥풀이
잠을 보채듯 몸을 뒤채고
수수꽃다리 나무 곁 어떻게 혼자 살았는지
영문 알 수 없는 덜 여문 수숫대에
연푸른 수수 알맹이들이 빤들빤들 익어간다

지독한 문장

오래전 잊어버린
한량없는 말들이여
가슴 한구석
어디 있는지도 모른 채
접어둔 그리움처럼
차곡차곡 경계의 자국으로 남은 사랑이여
여전히 가벼이 흔들리는 바람같이
캄캄한 서랍 속을 떠돌았을
지난날의 모든 것이여
가장 지독한 것을 잃어버린 후에야
지독하다는 것을 알아버린 사내여
이제 접는 방법마저 아득해진
색 바랜 종이 위에
충만을 견디다 못해 뒤척이던 나는
지금 어디 있나
입 벌린 채 봉인 되어버린
녹슨 봉투들이여

제3부
벼랑길

자화상

노골적으로 말해야 할 기회를 자꾸 놓친다

생각은 오므라든 입속에서 혓바닥만 길게 늘여놓고

여러 철 잡담과 궤변에 번식한 회색 곰팡이처럼 살았다

이쯤에서 반시대적 고찰을 그만두어야 하나

그 많던 꿈, 이제 잠속에도 꾸지 않는다

판단의 기력이 가물대는 시절 그러므로

친화적 이익 앞에 선 나는 이미 도구다

무너져 내리다

춘천 갔다 돌아오는 길
청량리서 용산 오는 전철 타고
옥수동쯤, 굼뜬 몸으로 허겁지겁
미처 내리지 못한 노인이
창밖 지는 노을을 향해 마른 침 삼키며
물끄러미 뱉어 내시는 말씀

— 늙으면 다 빙신인 기라

물집처럼 궁글어 터져버린 그 말씀
굽은 등허리 타고 진물처럼 천천히 흘러
내게 오는 동안 나는 속없이
쓸쓸하다 서러워진다
저 늙은 빙신의 굽은 등짝도
한 시절 쏟아져 내리는 세상의 부하를
든든히 받쳐내던 옹벽이었으리라

일 없다는 듯 열차는 이승의 가운데를
철컹철컹 가로질러 가는데 천장에서
모습 없는 젊은 여자, 타박이라도 하듯
한남동이니 어서 내리라고 성화다

덧없는 생의 결장 같은 문이 스르르 열리자
노을에 걸려 위태롭게 끄덕대던 오래된 옹벽 하나
어둠 밀려드는 강의 남쪽으로 무너져 내린다

5억 원은 있어야 편안한 노년

— 서울경제 | 입력 2009.12.10 18:07 | 누가 봤을까? 50대 남성, 울산

헤드라인은 노년에 대한
단편 영화급 조롱에 불과하다
물가상승률을 감안하면
13억 원이 필요하다는 나의
실존적 구절에 닿으면
조롱은 가히 블록버스트급이다
보여진다는 것은 얼마나 단단하고
구체적인 느낌인가
온갖 도표와 현란한 계산법의 협곡을 지나면
영화의 막장은 끝내 깜깜 절벽이다
예측을 결론처럼 보여주는 미래형 주술은
다소 논란의 여지가 있다 해도
어느 공화군 병사의 죽음*처럼
끊임없이 불편으로 남을 뿐

나처럼 빤한 노년을 들켜버린
50대 울산 아저씨들 중 몇몇은
곧 닥쳐올 불편한 시대
비정성시悲情城市를 위해 이 밤
태화강변 어느 노래방에서
생수병에 채워진 소주에
어금니를 담근 채 배호처럼
굵고 비감한 목소리로
가건물 같은 자신들의 생을
몇 번이나 허물어뜨리고 있을지 모를 일이다

* 종군 사진 기자 로버트 카파가 1936년에 찍은 스페인 내전 당시의 사진. 이 작품을 통해 로버트 카파는 전설적인 종군 사진 기자로 명성을 떨쳤지만 이후 연출과 조작 의혹이 끊이지 않고 있다.

벼랑길

벼랑 아래 집이고
집 앞이 벼랑이다
누구에게는 사는 일이 늘 이와 같아서
사는 내내 벼랑 너머를 그리워한다

벼랑 아래 홀로 살던 노파가
아득한 세상을 등진 채 자신에게로 오는
구휼미 한 포를 마다하고
제초제를 피로회복제처럼 마신 후
벼랑길로 영 떠났다

바닥을 보일수록 서러움이 차올랐을
구휼미 포대를 발 아래 밀어 놓고
달 건너 찾아오는 외로움 한 포를 기다리다
벼랑을 향해 쪽진 머리 누인 채
스스로 긴 긴 외로움이 되어버린 그녀

구휼미를 배달하던 차 구석에서
그녀의 외로움과 맞바꾼
피로회복제를 찾아 제초제처럼 마신다
염천 한낮, 허물어진 낮은 담장 넘어
빈 마당으로 몰려드는 벼랑의 그늘만 넓고도 깊다

영정사진 찍는 노인들

걷어낸 가을 들판 같은 이들이
산동네 동사무소 담벼락으로 모여 든다
섬벅 나락을 베어낸 자리
까칠하게 남겨진 밑단 같은 수염 위로
깊숙이 발목을 묻고
흠뻑 젖은 채 경작되었을 저마다의 생이
긋고 간 굵고 깊은 고랑들
그 속에서 단단히 여물어갔을 푸르른 날은
어디로 다 떠나고 저 메마른 경작지들은
얼마나 오래 묵어버린 것일까
고랑 하나 질 때마다 찬란이란 빗금이
조금씩 지워져가듯 지상의 삶이란
뜨거웠던 흔적을 남기며
점점 짧아지는 가을 볕 같은 일
볕 좋은 늦가을
생의 방점을 찍는 스산한 들판 사이
어느 갈피쯤에 접혀 있는

설익은 내 삶을 설핏 끼워보다가
한때 저 노구들이 야생野生이었던 시절을
가만히 들여다본다

외 다수

나는 시를 잘 모른다.

고백하자면 사실 그렇다. 일전 이승훈 시인의 무려 열네 번째 시집 『이것은 시가 아니다』를 읽어보니 그런 것도 같고, 아닌 것도 같고, 뭐 그랬다. 그의 시중에는 「모두가 시다」라는 시도 있다. 그런 대가도 가끔씩은 헷갈리나 보다.

"문학에 올인 하지 마라" 문단 말석에 얼굴을 내 비칠 때 고등학교 은사이신 이 모 소설가께서 내게 하신 참 의미 다양한 말씀이다. 이 또한 그런 것 같고 아닌 것도 같다.

"나는 말이야 내가 시인이란 걸 잊고 살다 가끔 집으로 보내오는 문예지들과 시집들을 받으면 그제서야 내가 글쟁이구나 하고 생각해" 라고 말하는 어느 선배 시인의 말을 들을 땐 그냥 코웃음 쳤다. 나는 그가 누구보다도 출세

지향적 시인이란 걸 알기 때문이다.

어느술자리에서는고료안주는문예지에는원고를주지말아야한다고빙긋웃으며말하기도했는데나는그게웃으며할얘긴가라고생각하며그러면나같은놈에겐그공짜청탁조차안들어올텐데라고걱정도했다그래도그의시는참좋다그러니그런말도할수있는건가?

보라! 나름 명망들은 늘 뭔가 안다는 투로 말하고 쓴다. 그 외 다수의 생각 따위가 무슨 필요가 있겠는가. 응?

하관下棺

우리는 먼 별에서 이곳으로
무작정 버려진 부랑아 같다
길흉화복이나 신분과 상관없이
땅바닥을 떠돌던 것들은 언젠가
제일 마지막인 것처럼
땅속으로 스며들 것이다
유산처럼 물려받은 내상이
내성이 되어 흉질 곳조차 없을 때
비로소 내 차례도 오겠지
길 건너 산비알 아래
더 이상 흉질 곳 없는 이를 위해
굴삭기가 작은 구덩이를 판다
딴에는 저이도 떠돌 만큼 떠돌다
제일 마지막에 돌아가는 것이리라
부랑의 육신은 봉인 된 채
또 어디를 향해 떠나갈까
문득 한 번도 마주친 적 없는

그의 얼굴이 궁금해지는 건
우린 서로 땅속으로 스며들 유전자를
나누어 가졌기 때문이겠지
대물림된 내상의 파편들이
오래된 죽음 옆에 새 죽음을 심느라
분주하다

배회하는 저녁

시간이 허수란 걸 오래전부터 알았지만
오래전이 언제인지 알 수 없듯
놀 깃드는 바다나
놀을 등진 채 물들어 가는 세상이란
아주 없는 시간일지도 모른다
이윽고 찾아드는 어둠조차
어제 쓰다 버린 것을
다시 기워 쓰는 재활용품
애초 없는 것들이 지금 어디에나 있고
당신에 대해 그에 대해
당신과 그가 나에 대해
어떤 견해를 말하든
그건 또 다른 모른 척일뿐
환상통을 앓듯 습성이 되어 버린 고통이 지겨워
사람들은 자꾸만 죽는다, 이제
죽음보다 오래 산 사람들의 말을 끊어 버리고
더 이상 믿지 않음을 믿어 의심치 말아야지

착란을 생이라고 우기며 몰락한 과거와
오래전 들켜 버린 시든 미래 사이에서
배회하듯 살아내는 것만큼
안전한 생은 없을 것이다

피항避港

이국의 겨울바다 위를 떠돌며
점점 굳어가는 것은 심장이 아니라 혓바닥이었다
방향을 알 수 없는 단파들이 난무하는 어둠 속
명태를 쫓아온 경상도 사내들의
졸린 목소리를 도청하며
조도 낮은 브리지 불빛 같은 소리로
이미자의 동백아가씨를 흥얼거리기도 했다
두고 온 당신들이 나를 잊었을 까봐
한곳으로 몰린 창백한 마음처럼
그 바다 위에도 달이 떠 있는 것이
유일한 위안이었다
뱃머리에서 얼음 깨는 우즈벡 사내의
긴 이름을 외우다 이름만큼이나
낯선 그의 고향을 생각해보기도 했다
그곳은 생의 항로에서
밀릴 대로 밀려버린 자들의
마지막 영토였으므로

우리는 서로 다른 말을 하면서도
때가되면 같은 밥을 먹고 잠자리에 들었다
살기 위해 피해온 북구의 바다에서
이미 나를 버렸을지도 모를 당신들 곁으로
오랫동안 돌아갈 수 없다는 사실은
차라리 다행이었다

갑골문甲骨文

짧디 짧은 겨울 볕처럼
점점 안으로만 수그러드는 몸
나는 그 몸 깊숙한 뼈대에
아로새겨진 상형문자
한 생 다 지나 이슥해지도록
누란을 지탱하느라 피 마른 자리마다
폐허의 낱말로 불모를 새겼네
이제 기원조차 까마득해진
저 딱딱한 패각貝殼은
생의 통점들이 모두 닳아버려
한 마디 비명조차 지르지 못한 채
멍에처럼 구부러진
엄마야 내 늙은 엄마야

불멸의 허밍

비 오는 답운재를 넘는다. 안개 속, 배호의 노래를 들으며. 서슴없이 몸을 던진 꽃은 흔적 없고 악착같이 살겠다고 매달려 말라 가는 꽃은 볼품없다. 툇마루 끝, 맨발로 서서 먼 산을 향해 목소리 없이 흥얼대던 당신의 노래. 아직 내 몸 어느 구석에 남아 혈류를 따라 떠도는 불멸의 허밍. 무수한 반목과 투쟁을 그저 투정으로 받아 넘기던 당신. 이제 나는 그 시절 당신보다 더 늙어버린 사람. 그러나 노래를 따라 아득한 당신에게 닿으면 여전히 불신과 오만이 가득한 한 시절의 내가 되느니, 어느 순간 당신은 서슴없이 몸을 던져 흔적 없이 사라지고 나는 여기 볼품없이 말라 간다. 겨우 이 정도, 겨우 이런 것만으로도 눈가가 축축해지고 가슴이 뜨끈해 지는 날이 있는데, 당신도 당신의 당신에게 그런 적 있었나.

아버지, 내 아버지야

고종사촌 형

쉰둘에 풍 맞아
열두 살 심성이 되어버린 쉰다섯의 사내
지팡이 겨우 짚고 왼다리 질질 끌며 온다
열한 살 난 외동아들 앞세우고 내게 온다
풍이 왼쪽으로 오면 말은 한다는데
말소리까지 잃어버린 저이
어버버 으브브 거리며 더디 온다

쓰러졌다는 소식 듣고 성남 어딘가 병원 찾아가
사람도 못 알아보는 손에 삼십 만원 쥐어주고 온 내게
무슨 큰 빚이라도 진양 만날 때마다 그 얘기라는
형수 옆 세우고 또 그 얘기하러 온다

실낱 같은 힘 남은 손으로
내 손 잡고 흔들며 어버버 하는 얘기
세상 어디에 이처럼 차근차근 속 깊은 말 있을까
맞잡은 손등 위로 이따금 뚝뚝 떨어져 내리는

찐득한 그 말, 뜨끈하다

열한 살 난 아들이 손수건으로 연신
흘러내리는 아비의 아까운 말을 닦고
이제 나도 다 알아듣는 그 말이
망극한 세월 속으로 흩어지는 늦여름 오후
네 사람 그림자가 차츰 한 덩어리로 뭉쳐질 때
뜨끈한 것이 어디 그의 말뿐이었으랴

선로에 그녀를 밀어 버린 저 사람

흐릿한 씨씨티브이 안에 그가 한 짓이 꼼꼼하게도 기록됐네. 저녁 뉴스 앵커는 침통하게 전하네 그 미친 짓에 대하여.

그렇지 미친 짓이지. 동냥을 거부한다고 열차가 달려오는 선로에 사람을 밀어! 저런 놈은 그냥 두면 안 되지. 아무렴 그냥 두면 안 되지. 달려들어 있는 힘껏 싸대기라도 올려 부쳐야지. 동냥질이나 해 처먹는 주제에……, 안 그래? 라고 말하는 흥분한 친구여.

그래. 그렇다고 치자.

그러면 동냥질이나 해 처먹도록 길바닥에 저이를 밀어 버린 그 무엇에겐 누가 싸대기를 올려 부치지?

제4부

단주후회

로드 킬

먼지 구덩이 속에서 몸은 소란스러웠으나
기다리는 비는 오지 않았다
비를 기다리다 돌아서는 길
길바닥에 짓이겨진 마음 하나 늘어져 있다
수컷인지 암컷인지 아비이거나 어미이거나
혹은 자식일지도 모를 마음 하나
작은 차들은 겨우 피해 갔지만
큰 차와 큰 차 뒤를 따르던 차가 그 마음을 짓이겼다
더 이상 꿈쩍하지 않았다
밟히면 밟히는 대로 저를 그냥 두었다
그저 아무 고통 없는 단단함 같았다
그것은 이미 작정한 듯 입을 다물었으므로
무엇 하나 물어보지 않았다
장터 난전 거리 앞 노상에
마음 하나 처참히 짓무르던 한나절
기다리는 비는 끝내 오지 않았다

남도전언南道傳言

작업장 한쪽에서 초로의 사내 운다
서울 큰 병원서 포기한 말기 암 아내
호스피스 병동으로 옮겨 놓고
밤새 수발하다 밥 벌러 온 사내

며칠 동안 누구도 그와 말 섞지 않았고
눈 맞추지 못했다
눈 마주치거나 말 섞으면 애써 견디는 그가
와르르 무너질까봐 점심 먹고 모두 눈 감고
자는 척 한다
안락하고 제일 따신 휴게실 안 자리 비워 두고
모로 누워 칼잠 잔다
그렇게 며칠 서로 서러움을 모른 척 견뎠는데
누군가 건넨 피로회복제 한 병에 기어이 무너진 사내

"이녁 고향집 앞에 동박이 맺힐 거 인디, 꽃도 안 보고
갈랑 가. 씨벌! 이렇게 다 내뿌리고 갈 거면서 지랄 났다고

너므 집서 삐빠지게 일했당가 처 묵고 싶은 거나 실컷 처 묵지. 암 것도 못 삼키고 다 게워 냄서 뭣 할라고 악착같이 살았당가"

끝내 어깨를 털썩이며 주저앉는 사내

점심시간은 멀었고
눈 감고 자는 척 할 수도 없는데
속절없는 눈물을 닦아 줄 자신이 없어
기껏, 그 슬픔 등지고서
낮은 독백처럼 혼자 뱉는 말

남도 끝자락 어디쯤
그녀 고향집 마당 동백이여
올 봄엘랑 제발 붉은 꽃 피우지 마시라

단주후회

며칠째 모든 것들이 젖고 있다
젖는다는 건
현장에 밥줄을 댄 삶이
녹슬어 간다는 얘기
너나없이 술 고파지는 날들

이런 날이면 외진 곳 작은 점방에 들어
선 채로 소주 마시고 싶다
스텐사발로 한가득 한 번에 들이키고
굵은 소금 몇 알 입 속에 털어 넣고
일 없다는 듯 칠 벗겨진
점방 여닫이문을 나오고 싶다

컨테이너 대기실 창가에 젖은 새들이 운다
저것들도 취기가 그리운가
젖는다는 건 하릴없이 보고 듣는 일이 힘겹다는 말

실패한 연애의 이력처럼

절벅대는 길바닥에 드러눕는

호기도 절망도 이제 없으니

그저 외진 곳 작은 점방 문가에 선 채로

소주가 마시고 싶을 뿐인데

오래전 단주맹세가 서글퍼

자꾸만 젖은 새들의 울음 소릴 흉내 낸다

이기의 발달사

사는 일은 얼마나 호전적인가
같은 일을 되풀이해도 감각은 점점 퇴화하고
침묵보다 혓바닥만 발달하는
비루한 진화의 잔혹사

스타팅 버튼을 눌러야
비로소 호흡을 하는 이 큰 덩치는
단지 밥벌이를 위해 구르는 잔혹의 발달사
모든 일 앞에 마지못해 란 말을 숨겨놓은 생들은
갸륵하거나 무참하다

지나온 시간은 모두 나의 것이지만
예측 불가능한 미래는 나의 것이 아니리라
빠르게 점멸하며 위험을 경고하는 붉은 경광등
등의 불순함은 감정 없이 깜빡이며 예측하는 일
마치 내 것 아닌 미래처럼

내 것이 아닌 것이 나를 재촉하는 시간
이 비관적 낙담에 의존하는
위험하고도 호전적이며 불순한 아침

사각死角지대

바다로 부터 는개가 몰려든다.
바람에 질려버린 희붐한 결막 사이
창백한 해가 주춤대는 아침
이런 날 모든 표피들은 매끄럽게 살아나
자석의 동극처럼 서로를 밀어낸다
마찰계수는 낮아지고 저항계수가 높아지는 시간
신뢰 할 수 없는 사각의 영역 속으로 들어간다는 건
나조차 나를 믿을 수 없다는 말이지
보이지 않는 것에 거는 덧없는 희망 따위
그래서 아주 천천히 당신을 지켜 볼 생각이다
어차피 이번 생은
알 수 없는 누군가의 공덕에 볼모로 잡혔으니
나는 지금 미등과 폭등을 켜고
당신이란 사각死角에 바싹 붙어서 있다

사력을 다해

사물은 각기 이름이 있고
이름은 어떤 사력을 가지고 있는데
이를테면 외투와 모자와 고글과 담배
그리고 라이터는
모두 죽은 것들이지만
종일 나를 살리는 것들이기도 하다
죽은 것들이 산 것을 위해 가지는 힘
세상은 대부뷴 그런 힘으로 지탱한다
죽어서도 쓸모없는 이름은 오로지 사람뿐이고
오랫동안 화근이 되기도 하는데
나는 그런 이름을 백 명도 더 알고 있다
외투와 모자와 고글과 담배 그리고 라이터만도
못한 육신이 빠져 나온 자리는 불안하다
아무래도 살아있다는 건 호명이나 명명보다
명멸에 가까운 이름인가 보다

쓰임에 대하여

시공사가 임시로 처 놓은 허름한 담장 밑에
한 시절 쓸모 다한 주차 밀림 방지턱이
가지런히 모여 있다
더러 찢기고 깨진 치유 불능의 상처를 품고
중고 혹은 재활용품이라 불리는 것들

어디론가 다시 쓰임을 위해 떠날 거라고들 하지만
풍찬노숙을 견디며 햇볕에 그을린 채
고정 핀이 녹슬고 껍데기 삭아가는 동안
아무도 더는 저들의 쓰임을 걱정하지 않는다
기다려도 달라질 기미는 없다
그러다 어느 순간 저런 것쯤 치워버려도
아무 탈 없을 누군가의 눈에 거슬리면
저 자리마저 비워야 할 것이다

한순간 그렇게 쓰임을 다한다는 것

시급 혹은 일급이라는 서푼짜리 자본주의의 담벼락
아래
비정규 혹은 알바라 불리며 간신히 아주 간신히
붙어 있는 당신들과 나는 어떤가
아무리 기다려도 반듯한 쓰임의 시간은 기별 없고
다만 아직 어느 한 순간이 오지 않아 그나마 다행일 뿐인

죽변竹邊

포구에 일 나와 하릴없이 대기시간만 길다. 닳을 대로 닳은 자줏빛 벨벳 의자 드러난 나무 모서리는 얼마나 많은 손금을 읽었는지 까맣게 눈이 멀었다. 엇갈린 생처럼 아무리 바로 앉아도 비스듬히 기울어지는 몸. 엉덩이와 찰랑대는 머리칼을 함께 흔들어줄 레지도 없는 다방엔 주인인지 주방 보는 여자인지 어깨가 목 보다 먼저 올라오는 가벼운 목례뿐. 죽은 자의 입에 쌀 한줌 물리듯 엽차 한 잔 물리고 주문이라는 불투명한 말에 대해 재촉이 없다. 벽면 한 구석 균형 잃은 누런 메뉴판엔 오래 앓고 있는 병명처럼 커피며 쌍화차가 점점 흐릿해져가고 카운터의 너훈아는 간간 음정을 놓친다. 배달 간 레지가 돌아올 때를 기다려 물 커피나 두 잔 시켜 놓고 이 변방 포구, 낡아가는 호젓함에 대해 관제엽서 한 장 쓰고 싶지만 결국 당신에게 가 닿지 못할 말들. 실패를 불패처럼 안고 사는 생이 궁금해 소경이 된 의자 모서리에 자꾸만 공짜 손금을 내밀어 보는데, 그 사이 몸과 마음은 변방 작은 포구에 이는 파문처럼 하염없이 먼 바다로 찰박찰박 떠 밀려간다.

사구砂丘를 지나다

사구砂丘를 지나왔다
바람의 무덤이거나 요람이거나
어쩌면 시간의 알갱이를 매달고 자라는
나무일지도 모른다

실존이 본질을 앞선다는
사르트르의 말은 틀렸다
적어도 사구는 실존인지 본질인지 알 수가 없다
순식간에 자라고 순식간에 허물어진다
층층이 박혀 죽은 바람을 셀 수 없고
사구의 생몰 또한 알 수 없다
다만 그의 곁을 지나거나
어느 날은 그가 내 곁을 지날 뿐이다

사구砂丘를 지나는 동안
또 다른 바람이 흙먼지를 일으킨다
죽는 것인지 이제 막 태어나는 것인지

자본주의적 약속

시간바리, 탕바리
화주들이 나와 장비를 묶어 부르는 말이다
기본 한 시간 단위, 오 분이든 한 시간이든
같은 요금을 받는다
시간 단위당 값을 치르는
자본주의의 유한 약속

능동과 수동 생물과 무생물
기계와 사람 시간과 한탕을 버무려
무슨 치나 쟁이처럼 무심코 얕잡아 부르지만
아무도 저항하지 않는 말
저항은커녕 장비에 올라타는 순간
스스로 시간바리가 되는 자본주의의 첨병

그 순간
의심이나 저항을 버린다
살 수만 있다면 이깟 하대의 차별음이

무슨 대수겠나
짐짓 아무렇지 않게 부르면 달려가
고개 숙인다
서강 파밭가에 살던 수영의 말대로
온몸을 밀어부쳐 내 놓은 조악한 문장보다
훨씬 더 높은 값을 치는 몸부림의 부가가치

개 이름과 흡사한 시간바리
구동을 멈추고
합체의 몸피를 벗어 버리면
비로소 사람이 되지만
다시 부르면 이내 달려가는
달려가 먼저 고개를 조아리는
이 합성어에 대해 나는
진심으로 의심과 저항을 버린다
불러주기만을 기다리는 발바리처럼

버려진 소파에 앉아

표지판만 덩그런 간이 정류장 옆, 강을 향해 버려진 소파에 앉았다. 어느 한 식구들의 몸을 받아내느라 움푹 내려앉은 채 기워진 흔적, 진이 모여든 옹이처럼 딱딱하다. 한때 그곳은 얼마나 따뜻하고 푸근했을까. 아이들은 서로 간지럽히며 장난치고 늦은 밤 누군가는 텔레비전을 켜둔 채 고단한 몸을 뉘었겠지. 한 집안의 내력을 고스란히 받는 동안 내려앉으며 찢어지고 기워진 딱딱한 시간. 그렇게 앞서간 시간을 더듬으며 해비늘 부서지는 강을 바라보노니, 나는 이미 오래전 저 강을 건너간 아버지에게 여전히 걸터앉아 간이 정류장 같은 생이나 부여잡고 있는 것이다.

□ 발문

종점식당에서
— 착란을 삶이라 우기는 초인들을 위하여

박세현(시인)

1.

김명기의 첫 시집 『북평 장날 만난 체 게바라』를 나는 편애한다.

말 같잖은 요즘식 표현으로는 ‘애정한다’. 콕 찍어서 그 이유를 말하는 것은 쉽지 않다. 오래전에 읽은 시집에 대한 인상이 컸기 때문이다. 이 말은 김명기에 대한 나의 인상을 너무 평이하게 만들어 놓는다. 그의 시를 처음 읽은 것은 시집 이전에 어떤 지면이었던 것 같고, 그 시는 「북평 장날 만난 체 게바라」였다. 더 훗날 이 시를 시집 속에서 다시 읽게 되었다. 어쩌면, 그래서 김명기에 관한 문학적 판단의 핵심은 그의 첫 시집으로부터 기원하고 그리로 돌아가는 길이다. 소설가 이제하가 만들고 손수 부른 노래 〈모란 동백〉이 끝난 뒤의 적막과 스산함이 김명기 첫 시집에 대한 나의 소회다.

어떻게 이런 시들의 조립이 가능했을까. 그의 시는 다소 착오적인 시대에 대한 기록이면서 여전히 우리 주변에 머뭇대고 어른거리는 삶의 풍경에 대한 헌사였다. 뭐, 그런 거야 김명기 이전에 또는 드물지만 그런 시를 지속하고 있는 시인들이 없지 않다는 점에서 새삼 침을 튀길 대목은 아니다. 여전히 지나가지 못하고 있는 시대와 거기에 걸려 돌고 있는 삶의 헛바퀴가 시인에게 와서 컬러풀하게 표현되었으니! 공교롭게도(다행스럽기도 하고) 그의 시집은 절판 상태다. 그의 시들은 언어의 옷을 벗고 제자리로 돌아갔을 것, 저 북평 장날 그 장터로. 그런데 늘 궁금했던 나의 의문은 김명기의 문학수업은 어떤 것이었는가였다. 그것에 대해 아는 게 없다. 언젠가 대면 자리가 오면 물어보고 싶은 항목이다. 그러나 묻지는 말자. 시에 대한 이해는 '자작시 해설' 따위는 아닌 것. 그가 보여준 시의 구체적 실감은 그가 몸으로 살아낸 삶에서 비롯되었을 것이라 속단하고 넘어가자.

사정이 이러한 마당에 뜻밖의 발문 청탁을 받고 당황했

다. 시집 뒷글 즉 해설—발문 따위는 한국문단의 적폐라고 본다. 해설 붙이고 발문 붙이는 관습은 없어져야 한다. 그 자체가 비시적인 관행이다. 그렇기도 하지만 지금 내가 남의 시집 뒷자리에 붙어서 축사와 같은 헛소리를 떠들어댈 타이밍도 아니기 때문이다. 나는 주섬주섬 일어나 단상에 걸린 태극기에 인사하고 축사의 자리에 서던 옛날 국민학교(초등학교) 시절의 지방 유지들의 포즈로 헛소리에 가까운 꼰대—담론을 이어나갈 것이다. 더구나, 해설형 글은 쓰지 않겠다고 했는데 이렇게 결심을 깨고 앉아 있다. 더 큰 가치를 위해 계율을 어기는 것을 절집에서는 개차법이라 한다고 들었다. 별 걸 다 끌어들이는군. 발문을 작성하기 위해 노트북 자판을 두들기게 된 불가피하고도 즐거운 췌언이다.

드디어 나는 회상한다. 기억을 되감아 나간다. 김명기를 어디서 만났던가. 기억은 글쎄요, 하는 표정이다. 몸으로 만난 건 두 번, 통화는 세 번 정도, 문자는 두 번 정도였던 것으로 조회 기록이 나왔다. 이 기록이 십수 년간의 것이기에 그와 나는 거의 모르고 살아가는 관계다. 시를 읽어온 사이는 처음 만나도 오래 만난 사이 같은 착각을 형성한다. 처음은 봉평 장터. 이효석문화제가 열리는 장터에서 김명기가 먼저 내게 자기를 소개했던 것 같다. '같다' 고 추정하는 것은 기억의 불완전성 때문이다. 내가 먼저 수인사를 건넸을 수도 있다. 뭐가 어쨌든, 그때 처음으로 시와 실물 인간을 대조하게 되었다. 잠시 본 그의 모습은 외로운 산 같았으며 몸에서는 바람냄새가 풍겨왔다. 너무 시적인가. 게다가 그가 거느린 분위기는 왠지 모르게 세상을 겉돌고 떠돈다는 느낌을 나에게 심어줬다. 그 점은 적어도 그가 시의 제작자라는 실감을 팍팍 안겨주었다. 시의 행간에서 방금 빠져나온 시적 인물과 악수한다는 것은 즐거운 일이다.

그의 외형은 액션영화의 주인공이거나 조연이어도 어울릴 듯 했다. 그렇게 다소 싱겁게 조우하고 두 번째로 그의 손을 잡고 흔든 것은 만해마을이었다. 강원작가(줄여서 '강작' 이라고들 하는 모양이다) 세미나 자리였고, 그는 거기에 질의자로 참석했다. 그가 무슨 질문을 했는지는 기억에서 지워졌지만 꼬깃한 종이에 메모했던 볼펜글씨는 기억에 남아 있다. 그때도 그와 사교할 기회는 없었다. 바빠서가 아니라 붕 뜬 모임의 분위기에 쓸리다 보니 그렇게 되었다. 나중에 알았지만 그는 강작의 사무국장 보직을 맡기도 했다. 김명기 사무국장이라 부르니 그가 어떤 기득권 같군. ㅎㅎ

비가 옵니다.

그날 권시인을 만나고 돌아와
며칠째 선생님의 시집을 읽습니다.
오늘은 『정선아리랑』입니다.
돌아가신 김영태 시인의 컷이 정말
선생님과 비슷한가 생각해보기도 합니다.
저는 태백에서 이십 년을 살고도 그들의 얘기를 차마
못 쓰는 부채를 안고 있습니다.
늘 건강하시길 빕니다.
그리고 추석 명절 잘 쇠십시오.

김명기 올림
2010. 9. 17.

언젠가 시인이 내게 보낸 문자 전문이다. 괜히 나를 건드리는 뭔가가 이 문장 속에 빗소리처럼 가로놓여 있다. 정선과 태백의 유사성이 잠깐 상상된다. 이 메모를 나의 산문집 『시만 모르는 것』 181쪽에 보관해두었다. 제목은 부채다. '차마 못 쓰는' 어떤 걸림망이 그에게는 있다는 것이다. 그것을 일러 그의 시라고 명명하겠다. 쓰여졌지만 여직―차마 '못' 쓰여지고 있는 정서적 부채를 존중하고 싶다. 그것이 있는 동안 시인은 건강할 것이라는 믿음이 있다. 그 억압을 놓치면, 놓치면서 그는 시인이 될 것이다. 그냥 쓱쓱 잘 쓰는 시인 말이다.

2.

수갑을 차고 교도소로 향하는 사람은 '나 사실 본래 이런 사람이었어'를 연기하고 있다. 한국문학도 이런 장면과 관련 없는 것이 아니다. 평론가들이 쉴새없이 빨아줬지만 그 입김 식고 나면 그저 그런 시인으로 남는 시인이 있는가 하면 평론가들의 눈밖에 있던 시인에게서 광채가 나면서 평론가들의 안목없음을 증거하는 시인도 있다. 김명기가 바로 후자에 속한다는 말은 아니다. 이 구간을 읽는 독자는 이 글이 김명기를 띄우기 위해 후자에 밑줄을 그을 줄 알았을 것이다. 그렇지 않다. 나는 문학적 판관이 아니다. 내 말을 누가 믿겠는가. 그것이 내 말을 들어야 할 이유가 된다면 모르겠지만. 김명기는 중요한 시인이 아니다. 내가 방금 중요한 시인이라는 말을 했는데 중요한 시인은 없다. 중요 시인이 있다는 주장은 문학의 역사가 후세에게 요구하는 제사상이다. 잊혀질까 두려워 돌에 이름을 새기는 이유와 같다.

누구도 시라는 장르를 독점하거나 대표할 수 없다.

중요한 시인이 만약 있다면 그는 그런 담론의 수압을 뚫어야 한다. 그가 중요한 시인이다. 나는 이 발문에서 김명기를 그 자리에 앉아도 된다고 말하고 있는 게 아니다. 그는 이른바 문단이라는 가족구조로부터 멀리, '저만치' 떨어져 살아가는 '산유화'와 닮은 과(科)다. 등단했지만, 그런 점에서 그는 등단한 게 아니다. 소월이 그렇고 백석이 그렇고 윤동주도 사정이 그러하다. 문단과 관계없이 외롭게 살았던 족속들이다. 거듭 말해서 김명기는 문학적 인맥지도에 검색되지 않는다. 조언이지만, 인맥만들기 사이트도 있다고 하니 가입을 권하겠다. 문단인에 속하는 순간 살아있는 김명기 시인도 고리타분에 포획되기 쉬울 것이다. 문학상 수상작 같은 시들을 쓰는 재앙을 맞이할 개연성이 높다는 것.

경상남도에서 나오는 계간지 《주변인과 문학》(2016년 봄호)이 마련한 특집에 「내가 좋아하는 강원도 시인들과 시」라는 글을 쓴 적 있다. 제목은 편집자가 정한 것이다. 시인이 시인을 좋아한다는 것은 좀 그렇다. 자기만 좋아하도록 튜닝된 존재들을 시인이라 부르기 때문이다. 글을 마치면서 김명기에 대해 몇 줄 썼다. 가령 이런 것. "김명기는 울진에서 태어나고 태백에서 성장, 동해시 등지에서 살았다. 그러니—그래서 번외시인인 것. 콜롬부스가 아메리카를 '발견'하듯이 나는 김명기를 재발견한다. 그의 첫 시집 『북평 장날 만난 체 게바라』를 달아놓는 것만으로도 기분 좋다. 시는 생략," 허세를 제하고도 나의 재발견은 지금도 의미 있다고 생각한다. 시집의 제목만 보고도 이렇게 말을 조립한 안목은 일과성 재치가 아니라고 믿어버렸다. 장날 강원도 북평에 나타난 체 게바라는 이미 그 체가 아니다. 대도시가 아닌 동해안 변방 장터에서 날염된 채 팔리고 있는 체는 혁명가와 다른 당대의 우수다. 독자의 몫만 얘기한다면, 그가 1990년대 시인의 자리에 초대되면서 누군가 한 사람은 자리를 그에게 비워줘야 할지도 모른다. 좌석표 좀 보여주세요.

이번 시집 프로필에는 "맛 칼럼집을 출판했고, 별안간 생을 등진 아버지 장례를 치르러 고향집에 돌아와 눌러 앉았다. 지금은 중장비를 몰며 밥 벌고 시 쓴다"고 적혀 있다. 첫 시집 이후의 근황이다. 극적인 명세로 읽힌다. 중장비를 몬다는 현실과 시라는 비현실이 시적으로 혹은 비시적으로 삼투한다. 문장만 보자면 김명기의 삶은 엄숙하다. 시도 그렇다. 정색한 표정이다. 자, 김치하면서 표정을 푸시고! 그래도 한 마디 하고 지나가자. 중장비가 있으니 시 쓰는 데 막힘은 없을 거다. 밀어붙여!

3.

변방적 사유의 출발과 도착. 이것이 김명기 시의 풍경이다. 이렇게 단정하고 싶지만 조금 비워 둔다. 그런 울림을 준다는 정도. 변방은 그에게 지리적 공간이자 심리적 공간이다. 심포리역, 태백, 도계, 통리 등은 이 나라 탄맥과 연결되는 지명이다. 이 지명들은 강원도 일부 지역이지만 그것을 넘어서는 의미 영역이다. 지명만으로 자신을 완성하고 봉인해버리는 명사들이다. 반월공단, 영등포, 청량리역은 이들 지명의 연장이자 확산이다. 시인의 생각은 광산촌과 폐광지대로 함축되는 이 공간 어디에서 호명해야 한다. 그러면 어떤 삶의 어떤 고통과 어떤 몰락이 보인다. 김명기 시의 배후에는 사끼야미가 있고, 시에 등장하는 여러 인물들은 이 막장 선산부들의 파편들이다. 시인의 각주에 따르면 사끼야마는 탄광에서 채굴을 담당하는 막장 선산부다. 이 설명은 선산부가 감당하는 무게의 실감을 충분히 전달하지 못한다. 차라리 선산부는 사끼야마라고 표기하는 게 옳다. 일본어의 무작한 울림에서 막장을 굴진하면서 석탄을 채굴하는 광부(더러는 광원이라 대접하여 쓰기도 하는데, 그러면 어부는 어원이고 농부는 농원이 된다)의 외로운 생땀이 느껴진다. 나는 지금 김명기 시의 해설을 하고 있는 게 아니다. 시를 읽으면서 도착하는 직관을 재음미하고 있다. 시는 설명이 아니다. 설명할 때처럼 시가 민망해지는 경우는 없다. 나는 그런데 길을 살짝 잘못 들어 김명기 시의 일부분을 설명하고 있는 듯 하다. 심포리역, 태백, 도계, 통리 어디쯤에 서 있는 수염 없는 체 게바라의 빛바랜 날염을 직면하고 있다. 이 말이 하고 싶었던 것. 체와 사끼야마와 김명기가 하나의 선상에 서 있는 풍경의 역사, 그게 김명기의 시라고 나는 생각하는 중이다. 일면 7번국도적이고, 일면 폐광촌적이다. 일면 강원작가적(그는 울진에 있으니, 이 말은 삭제)?

김명기 시에는 여러 인물들이 등장한다. 그렇고 그런 군상들. 그렇고 그렇게밖에 살아지지 못하는 인물들이다. 삶이라는 무대에서 고투하는 사람들. 고투하는 인물들이 김명기 시에만 있는 것은 아니지만 그의 인물들은 역사 속에 아로새겨지지 못한 채로 흘러간다. 삶의 마가리에 막힌 채 살아간다는 점에서 역사가 거들떠보지 않은 지체된 인물들이다. 도착적인 명명을 무릅쓰고 나는 이들을 전사라 부르겠다. 앞이 보이지 않는 막장시대를 온몸으로 뚫고 나간다는 점에서 그렇다. 선산부라고 했을 때 울리는 착한 느낌보다 사끼야마라고 불러야 한다. 이것은 비유가 아니다. 시의 적은 비유다. 가령, 40년 전에 광산 낙반사고로 죽은 남편을 친정집 선산에 이장하고 싶어하는 큰고모, 응급실 복도에서 싸우고 있는 술집여자와 남자, 태화강변 노래방에서 소주 마시며 가건물 같은 자신들의 생을 허물고 있는 50대 아저씨들, 구휼미를 마다하고 제초제를 피로회복제처럼 마신 노파, 동냥을 거부한다고 사람을 선로 밖으로 밀어버린 동냥인, 영정사진 찍는 노인들이 김명기 시집에 등록된 인물들이다. 이들은 김명기 시를 살아내고 있는 지난 역사의 선조들이자 거기—지금의 동지들이다.

요컨대, 희망없는 희망의 세계를 살아가는 사람들인데 나는 이들을 초인이라 부르겠다. 철학적이거나 역설적인 호명은 아니다. 힘든 삶을 끌어안고 견디며 국가의 시스템이 아니라 각자의 초능력에 의지해 살아가는 존재들을 의미한다. 김명기의 인물들이 특히 그렇다. 그것은 무엇인가. 그것의 중심은 밥이다. 오롯하고 따뜻한 한 그릇의 밥이 그들이 원했던 소망이다. 그것이 그러나 뜻과 같지 않게 전개된 어긋난 삶의 모습들은 팽목항 이후에 남겨진 가족들의 나머지 삶과 비젓하다. 한 끼니의 밥은 그래서 소박하지만 그러나 원대한 인류의 꿈일 뿐이다. 내게 인류의 문제는 그래서 참 위대하면서 참 허망하게 정리된다. 이 삶이 진정하다는 믿음, 나라는 존재가 있다는 것, 옳고 그름이 있다는 것, 오른쪽과 왼쪽의 편가르기, 내 편과 네 편의 이분법들은 다 좀 거시기하다. 저기 적이 있다고 소리치는 그 놈이 바로 적이다. 브레히트의 직언이다. 우리는 이 문장이 한국 사회 특히 정치의 부면에서 어떻게 실행되는지 살펴야 하고 속지 말아야 한다. '착란을 삶이라고 우기며' 꿋꿋하게 살아가는 사람들을 다시 초인이라 부르겠다. 착란은 작란과 다르지만 다른 것도 아니다. 밥 한 끼를 위해 먼지를 일으키는 삶은 김명기 시의 주인공들을 깊숙이 붙잡고 있다.

시가 그 착란을 뚫으며 뭔가를 보여준다고 믿었던 것은 나의 청년이었다. 이제 나는 그 정도까지는 아니다. 착란을 착란으로 인정하는 것만 시라고 우긴다. 시의 더러운 운명은 언제나 언어에 기대야 한다는 점이다. 언어는 생생활활(生生活活)한 삶의 순간을 왜곡하고 날조하고 위조할 뿐이다. 언어에 붙어 있는 초라한 흔적들! 김명기 시인은 이것을 믿는지는 모르겠으나 그의 인물들은 착란의 현장을 살고 있고, 그것을 몸으로 견디고 받아내고 있다. 시인은 '시인의 말' 에서 "말에 붙어 글줄이나 쓰면서/ 여전히 말을 이해하지 못하고/ 넋두리나 늘어놓는다" 고 썼다. 나는 그의 말꼬리를 잡는다. 넋두리에 방점 팡팡 찍었다. 그의 시는 그의 넋두리다. '그의' 를 빼고 읽으면 시의 정의가 분명해진다. 시는 넋두리다. 왜 아니라고 하시는가들. 그 옆에 헛소리가 있고, 조금 떨어진 곳에 개소리가 있다. 진실인 듯 진실이라고 우기는, 진리인 듯 진리라고 우기는, 시인 듯 시라고 우기는 시들의 본질은 다 그렇다. 진지하고, 고

상하고, 심각한 시들 그래서 너무 시 같은 시들은 수상하다. 김명기가 자신의 시를 헛소리라 쓴 것을 나는 오래 곱씹고 있다. 그 언명은 자기 디스가 아니다. 「종점식당」에서 김명기는 자기 시의 본질을 버벅대지 않고 막바로 가리킨다.

4.

바람이 읽어 내리는 경전 소리인 듯
촌스러운 얼룩무늬 차양 펄럭이는
그 집 추녀 끝으로
막 점등한 알전구 불빛 같은 노을이
깃드는 저녁
듣는 이 없는 늙은 중의 염불처럼
혼자 웅얼대는 텔레비전 소리 등지고 앉아
조림반찬 몇 가지와 장국 한 그릇 놓고
오랜 중독처럼 혼자 먹는 밥
미명微明을 허물듯 밥을 허물면
바닥을 드러내며 점점 가벼워지는 밥그릇
종점이란 말도 이곳으로 오는 모든 길 위에
제 몸을 다 비우고 마침내 본산本山에 이르는

순례의 다른 말인 듯하여
여기서 몸 수그리며 밥 먹는 일은
길 나서는 세상 모든 허물어지는 것들에게
뼈마디처럼 단단한 마음을 다해
간절한
아주 간—절한 경배를 올리는 일

—「종점식당」 전문

저 시. 삼척사람, 소설 쓰는 뭉구가 술잔을 입으로 가져가다가 잠깐, 하면서 검색하여 나에게 들이댄 시다. 소설가가 지지하는 시를 보면서 그때 별 말을 하지 않았는데 이 자리에서 몇 자 적게 된다. 시가 좀 덜 깬 선승의 밥상 같다. 그래서 거룩하다. 혼자 먹는 밥. 심포리역과 통리와 도계와 북평 장날과 죽변과 울진을 거쳐 도달하는 땅이름은? 그렇다. 종점이다. 종점은 어디에나 있고 어디에도 없는 곳이다. 출발이자 도착점이다. 이곳에 이르면 다 숭고해진다. 저기 몸 수그리고 앉아 혼자 자기 입에다 밥을 떠먹이는 나그네는 착란의 삶을 헤치며 살아온 바로 그 초인이다. 그/우리가 마침내 주저앉은 곳이다. 종점식당은 그런 곳이다.

한 끼의 몸 데우는 곳. 모든 허물어지는 것들에게 경배하는 곳. 초인들의 찬밥 같은 삶을 녹이는 데가 종점—식당이다. 각종 진보와 각종 보수의 속임수와 헛소리 즉 '당신들의 천국' 속에서 행복해보지 못했던 눈물 어린 초인들이 너무 많다. 그들이 오늘은 멀리서 저 오랜 세월을 다해 종점식당에 모였다. 한쪽 구석에서 입에 장국을 떠넣던 한 초인은 '체 게바라가 어디 최씨' 냐고 물었을 것이다. 뜬금없는 물음을 던지는 초인을 나는 오래도록 존경할 것이다. 언어에 묻은 거품이여, 착란이여, 헛소리여 종점식당으로 오시라. 거기 와 김명기 시인을 만나보시라. 중장비를 몰고 시를 쓰면서(이런 표현은 시인의 초상을 중장비 쪽으로 고정시킬 우려가 있으니 속지 맙시다) 오로지 자기—초인을 살고 있는 인류를 목도하게 될 것. 수고하십니다. 종점식당을 나오면서, 나는 노트북 저장 키를 누른다.

5. 에필로그

김 : 시같지 않은 시 발문 쓰느라 고생하셨네요.

박 : '시같지 않은 시' 라는 말은 언제 들어도 신선합디다. 시 같은 시는 너무 흔하고 뻔하잖아요. 발문 읽었나요?

김 : 읽을 겁니다.

박 : 시는 앞으로 쭈욱 쓸 겁니까?

김 : 선배님 시집은 보내주지 않아 아직 읽지 못했습니다.

박 : (연극 대사를 연습하듯 나직하게)사람이 사람을 만나는 것도 마음 둘 곳이 없어서이고, 마음 둘 곳이 없어 사랑을 하며, 마음 둘 곳이 없어 글을 쓰고, 마음 둘 곳을 몰라 사람은 다시 사람을 떠나는지도 모른다.

김 : 선배님 말이군요.

박 : 문광훈 박사의 에세이 「쓸쓸한 것들의 이름」에서 퍼왔습니다.

부제는 '동해안을 따라 걷다' . 파도소리 들리지요?

김 : 마음 둘 곳 없을 때 선배님은 어떻게 하시나요?

박 : 마음을 들고 다니지요. 더 무거우면 캐리어에 싣기도 하고요.

김 : 나도 중장비에 얹고 다녀야 할까봐요.

박 : 울진에 가보고 싶소. 우—울진.

김 : (환한 초인의 표정으로) 여기도 종점식당 있습니다. 나 없을 때 다녀가세요^.^

애 지 시 선

002	붉디 붉은 호랑이	장석주 시집
003	붉은 사하라	김수우 시집
004	자전거 도둑	신현정 시집
005	정비공장 장미꽃	엄재국 시집
006	기차를 놓치다	손세실리아 시집
007	바람의 목례	김수열 시집
008	그리운 연어	박이화 시집
009	뜨거운 발	함순례 시집
010	정오의 순례	이기철 시집
011	그 남자의 손	정낙추 시집
012	즐거운 세탁	박영희 시집
013	구룡포로 간다	권선희 시집
014	좋은 날에 우는 사람	조재도 시집
015	여수의 잠	김열 시집
016	축제	김해자 시집
017	뜻밖에	박제영 시집
018	꽃들이 딸꾹	신정민 시집
019	안개부족	박미라 시집
020	아배 생각	안상학 시집
021	검은 꽃밭	윤은경 시집
022	숲에 들다	박두규 시집
023	물가죽 북	문신 시집
024	마늘 촛불	복효근 시집
025	어처구니 사랑	조동례 시집
026	소주 한 잔	차승호 시집
027	기찬 날	표성배 시집
028	물집	정군칠 시집
029	간절한 문장	서영식 시집
030	고장 난 아침	박남희 시집
031	하루만 더	고증식 시집
032	몸꽃	이종암 시집
033	허공에 지은 집	권정우 시집
034	수작	김나영 시집